RESPICE ET PROSPICE

THE SAYINGS OF
DYWEDIADAU
EVAN ROBERTS

Taken from his Diary
A Gymerwyd o'i Ddyddiadur

Updated by
Diweddarwyd gan
Darren Millar

ISBN: 978-1-910719-84-8

Published for The Evans Roberts Institute by
Verité CM Limited,
124 Sea Place, Worthing, West Sussex BN12 4BG
+44 (0) 1903 241975

email: enquiries@veritecm.com
Web: www.veritecm.com

British Library Cataloguing in Publication Data
A catalogue record for this book is available from the
British Library

Design and Typesetting by
Verité CM Ltd

Dear Friend –

God Loves You. Therefore, Seek Him diligently; Pray to Him earnestly Read His Word constantly.

Yours in the Gospel

Evan Roberts.

Annwyl Gyfaill –

Mae Duw yn dy garu di. Felly, ceisia Ef
yn ddiwyd; Gweddïa Arno'n daer;
Darllen Ei Air yn barhaus.
Yr eiddot yn yr Efengyl
Evan Roberts.

FOREWORD

This small book contains a series of proverbs taken from the personal diary of Evan Roberts, the great Welsh Revivalist. Originally collated by the Reverend D M Phillips for a biography in 1906, the language in them has now been carefully updated for the modern reader.

It is hoped that those who read this humble publication will be inspired by the wit, wisdom and insight of Evan Roberts, a man who God used to spark a mighty revival in Wales, the legacy of which still burns brightly in the world today.

Darren Millar

Darren Millar
1st March 2020

RHAGAIR

Mae'r llyfr bychan hwn yn cynnwys cyfres o ddiarhebi-on a gymerwyd o ddyddiadur personol Evan Roberts, y Diwygiwr mawr. Yn wreiddiol, y Parchedig D M Phillips fu'n gyfrifol am eu crynhoi ar gyfer cofiant ym 1906, ac mae'r iaith bellach wedi'i diweddaru'n ofalus ar gyfer darllenwyr heddiw.

Gobeithio y bydd y rhai a fydd yn darllen y cyhoeddiad diffuant hwn yn cael eu hysbrydoli gan graffter, doethineb a dealltwriaeth Evan Roberts, dyn a ddefnyddiwyd gan Dduw i danio diwygiad mawr yng Nghymru, ac mae ei waddol yn dal i losgi'n llachar yn y byd heddiw.

Darren Millar
1af Mawrth 2020

EVAN ROBERTS
AND THE WELSH REVIVAL OF 1904

Born in 1878 in Loughor, South Wales, Evan Roberts was one of three children born to coal miner Henry Roberts and his wife Hannah.

Raised in a Christian home, Evan was an unusually devout child who regularly attended services at the local chapel, Moriah. He made a great effort to memorise portions of the Bible, spent many hours with God in prayer, and read widely, paying particular interest to historical awakenings in Wales.

At 15 his strong faith resulted in him being appointed as the leader of the chapel's youth group which grew under his leadership to the extent that a new venue, Pisgah Chapel, was erected in the village in 1895. Evan was the foreman for its construction.

He worked in the coal mines with his father from age 11, and narrowly escaped death during a pit explosion in 1897 during which his Bible, which he took to work to read at every spare moment, was scorched. After a 12 year stint in the coal mines, Evan went to work as an apprentice blacksmith for his uncle in Pontarddulais.

EVAN ROBERTS
A DIWYGIAD 1904

Ganwyd Evan Roberts yng Nghasllwchwr ger Abertawe ym 1878 yn un o dri o blant i'r glöwr Henry Roberts a'i wraig Hannah.

Wedi'i fagu mewn cartref Cristnogol, roedd Evan yn blentyn anarferol o grefyddol a byddai'n mynychu gwasanaethau'r capel lleol, Moriah, yn rheolaidd. Ymdrechai i ddysgu darnau o'r Beibl ar ei gof, a byddai'n treulio llawer o amser yn gweddïo, ac yn darllen yn eang, gan dalu sylw arbennig i ddeffroadau hanesyddol yng Nghymru.

Yn sgil ei ffydd gadarn cafodd ei benodi yn arweinydd ar grŵp ieuenctid y capel yn 15 oed. Tyfodd y grŵp o dan ei arweiniad i'r fath raddau nes bod adeilad newydd, Capel Pisgah, yn cael ei godi yn y pentref ym 1895. Evan oedd fforman y gwaith adeiladu.

Dechreuodd weithio yn y pyllau glo gyda'i dad yn 11 oed, a bu ond y dim iddo gael ei ladd mewn ffrwydrad yn y pwll ym 1897. Byddai'n mynd â'i Feibl gydag ef i'r gwaith bob dydd i'w ddarllen yn ei amser rhydd ac fe losgodd yn y ffrwydrad hwnnw. Ar ôl 12 mlynedd yn y pyllau glo, aeth Evan i weithio fel prentis gof i'w ewythr ym Mhontarddulais.

In the Spring of 1904 Evan began waking every night in his sleep between 1am and 4am during which he experienced powerful periods of communion with God. These left him with a sense of calling to preach and after taking advice from family, friends and the leadership at Moriah he decided to train for the ministry.

Evan enrolled at Newcastle Emlyn Grammar School in September of 1904 in preparation for ministerial training. Later that month he attended a series of meetings being held in nearby Blaenannerch during which he had an encounter with the Almighty which clothed him with power from on high. This was followed by a vision the following month in which he believed that God had promised that 100,000 souls were soon to be saved. After just six weeks, following a further vision of the young people at Pisgah, he abandoned his studies in Newcastle Emlyn to return to his home town.

On Halloween, Monday, 31st October 1904, the 26 year old held a small gathering of 17 young people in Loughor. The meeting lasted three hours with Evan calling those present to repentance, purity of life, obedience to the Holy Spirit, and wholehearted commitment to Jesus Christ. That night, with tears of repentance and joy, the young people responded and the fire of God fell upon all of those present.

Yng Ngwanwyn 1904 dechreuodd Evan ddeffro bob nos yn ei gwsg rhwng 1 a 4 y bore, ac yn yr adegau hynny byddai'n cael cymundeb pwerus gyda Duw. O ganlyniad, teimlodd alwad i bregethu ac ar ôl cael cyngor gan ei deulu, ei ffrindiau ac arweinwyr Capel Moriah penderfynodd hyfforddi ar gyfer y weinidogaeth.

Cofrestrodd Evan yn Ysgol Ramadeg Castellnewydd Emlyn ym mis Medi 1904 i baratoi i gael ei hyfforddi ar gyfer y weinidogaeth. Yn ddiweddarach yn y mis mynychodd gyfres o gyfarfodydd a gynhaliwyd gerllaw ym Mlaenannerch, lle daeth i gyfarfyddiad â'r Hollalluog a chafodd ei wisgo â phŵer o'r goruchaf. Y mis canlynol cafodd weledigaeth lle credodd fod Duw wedi addo y byddai 100,000 o eneidiau'n cael eu hachub yn fuan. Ar ôl chwe wythnos yn unig, a gweledigaeth arall o bobl ifanc ym Mhisgah, rhoddodd y gorau i'w astudiaethau yng Nghastellnewydd Emlyn i ddychwelyd i'w dref enedigol.

Dydd Llun Calan Gaeaf, 31 Hydref 1904, yn 26 oed, cynhaliodd Evan gynulliad bychan o 17 o bobl ifanc yng Nghasllwchwr. Aeth y cyfarfod ymlaen am dair awr gydag Evan yn galw ar y rhai a oedd yn bresennol i edifarhau, i fyw'n bur, i ufuddhau i'r Ysbryd Glân, ac i ymroi'n gyfan gwbl i Iesu Grist. Y noson honno, gyda dagrau edifeirwch a llawenydd, ymatebodd y bobl ifanc a disgynnodd tân Dduw ar bawb a oedd yn bresennol.

From this small beginning, the revival swept rapidly across Wales. News of the awakening began to spread by word of mouth and newspaper reports inspiring people to meet and pray for similar effects. Before long Evan Roberts became a household name and their prayers were answered.

Jesus became talk of the nation, lives were changed, relationships were restored, old debts were repaid, sporting events were cancelled, public houses closed, police officers were laid off and courts had no cases to try. Historical records show that within just six months more than 100,000 new converts were added to the churches and chapels of Wales; Evan's vision was fulfilled.

Reports of the remarkable events in Wales soon began to reach other parts of the world through letters, articles and books. In doing so they triggered a wave of hunger, thirst and prayer for a global awakening which led to the break out of revivals in the United States, Korea, India, China, South Africa and beyond. These ultimately paved the way for the arrival of the Pentecostal and Charismatic movements which have dominated the growth of Christianity in the 20th and 21st centuries and still burn brightly today.

O'r dechrau di-nod hwn, lledaenodd y diwygiad yn gyflym ledled Cymru. Dechreuodd y newyddion am y deffroad ledaenu ar lafar ac mewn adroddiadau yn y papur newydd gan ysbrydoli pobl i gyfarfod a gweddïo am ganlyniadau tebyg. Cyn bo hir roedd enw Evan Roberts yn gyfarwydd ym mhob cwr o Gymru ac atebwyd eu gweddïau.

Daeth Iesu yn destun siarad i'r genedl gan newid bywydau ac adfer perthynas pobl a'i gilydd, ac ad-dalu hen ddyledion. Cafodd digwyddiadau chwaraeon eu canslo, a chaewyd tafarndai. Collodd swyddogion yr heddlu eu gwaith ac nid oedd gan y llysoedd achosion i'w gwrando. Mae cofnodion hanesyddol yn dangos bod dros 100,000 o bobl wedi cael tröedigaeth ac ymuno ag eglwysi a chapeli Cymru o fewn chwe mis; roedd gweledigaeth Evan wedi'i gwireddu.

Dechreuodd adroddiadau am y digwyddiadau rhyfeddol yng Nghymru gyrraedd rhannau eraill o'r byd drwy lythyrau, erthyglau a llyfrau. Arweiniodd hyn at don o newyn, syched a gweddi am ddeffroad byd-eang a arweiniodd at ddiwygiadau yn yr Unol Daleithiau, Korea, India, Tsieina, De Affrica a thu hwnt. Yn y pen draw paratowyd y ffordd ar gyfer y mudiadau Pentecostaidd a Charismataidd sydd wedi dominyddu twf Cristnogaeth yn yr 20fed ganrif a'r 21ain ganrif ac sy'n dal i lewyrchu hyd heddiw.

I carry not the Gospel,
but the Gospel carries me.

Nid myfi sy'n cynnal yr Efengyl,
ond yr Efengyl sy'n fy nghynnal i.

Don't press,
but strike the keys of life!

Peidiwch â phwyso,
ond tarwch nodau bywyd!

The Christian's life is not a grave,
it's a fair garden
— even if there are weeds
a plenty!

Bywyd y Cristion nid
bedd mohono,
ond gardd brydferth
– hyd yn oed os yw'n
llawn chwyn!

Jesus could enjoy wit.

Gallai'r Iesu fwynhau ffraethineb.

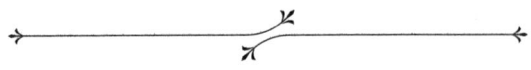

I may not have His photo
in my hand,
but I have His image
in my heart!

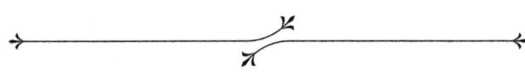

Efallai nad yw Ei lun
yn fy llaw,
ond mae gennyf Ei ddelw
yn fy nghalon!

Stop all the clocks of the universe
and time will still glide by.

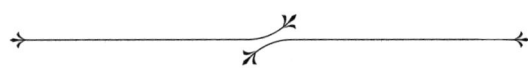

Stopiwch bob cloc yn y bydysawd
a bydd amser yn parhau i hedfan.

Time goes,
even if the clock fails to strike.

Mae amser yn mynd yn ei flaen,
hyd yn oed os nad yw'r cloc
yn taro.

Think before you answer,
but when the answer comes,
let it be the answer.

Meddyliwch cyn ateb,
ond pan ddaw'r ateb,
gadewch iddo fod
yr ateb.

If you are old enough to die,
you are young enough
to accept salvation!

Os ydych chi'n ddigon hen i farw,
rydych chi'n ddigon ifanc
i dderbyn iachawdwriaeth!

If the path of life
be steep and rough,
Oh! remember
the way of the Blood!

Os yw llwybr bywyd
yn serth a garw,
O! cofiwch
ffordd y Gwaed!

The path of life is obedience.

Ufudd-dod yw llwybr bywyd.

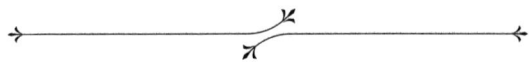

A true friend is always at hand,
near, but not so near
as to tread on your heels.

Mae gwir gyfaill wrth law bob
amser, yn agos,
ond nid yn rhy agos fel ei fod
yn sathru ar eich traed.

Some Christians can sing,
but cannot say,
"Come to Jesus."

Gall rhai Cristnogion ganu,
ond ni allant ddweud,
"Dewch at Iesu."

You can always smile on the world
while Heaven smiles on your soul.

Gallwch bob amser wenu ar y byd
pan fo'r Nefoedd yn gwenu
ar eich enaid.

Don't make Christianity a
scaffolding for your business;
make your business a scaffolding
for building something for
the living God.

Ddylai Cristnogaeth ddim
cynnal eich busnes;
yn hytrach dylai'ch busnes
gynnal y gwaith o adeiladu
rhywbeth ar gyfer gwaith
y Duw byw.

On the Judgement Day
the lost will be near to Jesus,
but will be infinitely separated
from the Saviour.

Ar Ddydd y Farn,
bydd y colledig yn agos at yr Iesu,
ond byddant wedi eu gwahanu
am byth oddi wrth
yr Iachawdwr.

Prejudice is over-weighted
with his quiver of arrows;
his delight and aim is to wound
the children of God.

Mae rhagfarn yn orlwythog
â'i saethau miniog;
mae ei nod a'i fryd ar glwyfo
plant Duw.

If you miss your foot,
do not slip your tongue.

Os yw eich troed yn
gwneud cam gwag,
peidiwch â gadael i'ch
tafod wneud yr un fath.

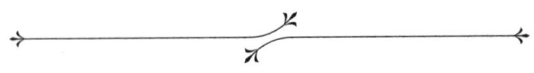

I draw strength from His cross
to carry my cross.

Mae ei groes Ef yn rhoi'r nerth
i mi gario fy nghroes fy hun.

Set the fingers of your enemy
to the chords of your harp.

Ceisiwch glywed llais y gelyn
i gordiau'ch telyn.

The object of the night
is not to reveal the stars,
but the work of the stars
is to hide the night.

Nid nod y nos
yw datgelu'r sêr,
ond nod y sêr
yw cuddio'r nos.

Heaven is sustained by truth.
Hell, likewise, is held by it.

Y gwirionedd sy'n
cynnal y Nefoedd.
Y gwirionedd hefyd
sy'n dwyn Uffern i gyfrif.

Do not compare yourself
with any great thing
other than the Son of Man.

Peidiwch â chymharu eich hun
ag unrhyw beth gwych
arall ar wahân i Fab y Dyn.

Why so much anxiety
for the showers
before the time of
sowing is over?

Pam poeni cymaint
am y cawodydd
cyn i amser hau ddod i ben?

If you reject the Gospel car
during your life,
do not expect to receive
a chariot of fire
to transport you
into eternity.

Os ydych chi'n ymwrthod â
cherbyd yr Efengyl
yn ystod eich oes,
peidiwch â disgwyl i gerbyd
tanllyd eich cludo
i dragwyddoldeb.

When a pause in the service comes, there is a danger of someone swinging the pendulum instead of raising the weights.

Pan ddaw hoe yn y gwasanaeth, mae perygl y bydd rhywun yn llaesu dwylo yn hytrach nag ysgwyddo'r pwysau.

It is not possible for everyone
to be a cornerstone.
If this were the case
there would be nothing built
in eternity.

Ni all pawb fod yn gonglfaen.
Petai hyn yn wir,
ni fyddai unrhyw
beth yn cael ei adeiladu
yn nhragwyddoldeb.

A truly great person has no time
to think of their own greatness.
To do so would lead them to
compare, and for a great person
to compare is not greatness.

Nid oes gan unigolyn
gwirioneddol fawr amser i feddwl
am ei fawredd ei hun.
Byddai gwneud hynny'n peri
iddo gymharu, ac nid yw gweld
unigolyn mawr yn cymharu
yn arwydd o fawredd.

Time wears away
the image in the mirror,
not the many times
you have stood before it.

Mae amser yn pylu'r
ddelwedd yn y drych,
nid yr holl amseroedd yr ydych
wedi sefyll o'i flaen.

You may well stand and stare,
but the glass of truth won't wear!

Gallwch sefyll a syllu, ond bydd y
gwirionedd yn dod i'r fei
yn y pen draw!

If you don't want to give off
a stink in death,
then be careful not to give of
a stink in life!

Os nad ydych am ddrewi
mewn angau,
peidiwch â drewi
yn ystod eich bywyd!

A feeling of need
and not a force of habit
will make you a sincere supplicant
in prayer.

Daw gweddi ddidwyll gan ddeisyfwr sy'n teimlo gwir angen, nid un sy'n dilyn arferiad.

Prayer is the secret of power.

Gweddi yw cyfrinach pŵer.

Secret prayer
is the spring-time of life.

Gweddi gudd
yw gwanwyn bywyd.

If prayer is buried and lost,
Heaven weeps.
If all prayed,
the wicked would flee
from our midst,
or to the refuge
that is Jesus.

Os yw gweddi'n mynd
yn angof a choll,
bydd y Nefoedd yn wylo.
Pe bai pawb yn gweddïo,
byddai'r drygionus yn ffoi
o'n mysg, neu'n dianc
i noddfa'r Iesu.

Those who don't work should not
aspire to be preachers.
And those who are preachers
shouldn't be if they do so simply
to earn a living.

Ni ddylai'r rheini nad ydynt yn
gweithio ddyheu i fod
yn bregethwyr.
Ac ni ddylai pregethwyr ddilyn yr
alwedigaeth honno dim ond er
mwyn gwneud bywoliaeth.

A seat to the foolish is merciful.
But to enthrone the foolish is to
dethrone reason.

Mae'n drugarog estyn
cadair i'r ffôl.
Ond mae gorseddu'r ffôl yn
diorseddu pob rheswm.

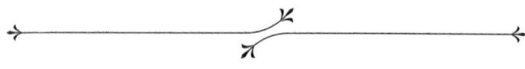

Praise be to Jesus for passing
through the land of Canaan,
but glory be to Jesus that
He came into my heart!

Clod i'r Iesu am fynd
drwy dir Canaan,
ond gogoniant i'r Iesu
am ddod i mewn i nghalon i!

Jesus found just two resting places;
a loving bosom and the grave.

Dim ond dau fan gorffwys
gafodd yr Iesu;
mynwes gariadus a'r bedd.

True life has no place
to lay its head.

Nid oes gan wir fywyd
le i roi ei ben i lawr.

Envy roams the gardens of Jesus, trampling some of the finest flowers of the Divine Gardener.

Mae eiddigedd yn crwydro
gerddi'r Iesu, gan sathru ar rai o
flodau hyfrytaf y Garddwr Dwyfol.

Think of the hand
that guides the dark cloud.

Ystyriwch y llaw honno sy'n
arwain y cwmwl du.

Even the darkest cloud is still
bright enough even in itself.

Mae hyd yn oed y cwmwl tywyllaf
yn ddigon llachar ynddo'i hun.

Crowns are given for carrying crosses, not for making them.

Rhoddir coron am gludo croes,
nid am ei wneud croes.

If crowns were given for making
crosses for others,
the earth would be groaning
under the load of crowns
gained by its people.

Pe bai coron yn cael ei rhoi am
wneud croes i eraill,
byddai'r ddaear yn gwegian dan
bwysau'r fath goronau niferus.

Talk of yourself, and your strength
and wealth are impaired.
Speak only of God and you shall
have riches from the Almighty.

Os ydych chi'n siarad am eich hun,
bydd eich cryfder a'ch
cyfoeth yn dioddef.
Drwy siarad am Dduw yn unig
cewch gyfoeth gan yr Hollalluog.

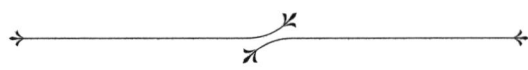

Hypocrites are like demons with
the faces of angels.

Cythraul ag wyneb angel yw'r rhagrithiwr.

The depth of a hypocrite's religion
is the depth of superficiality.
The depth of a Christian's faith
is that of a pure heart.

Dyfnder arwynebol yw dyfnder
crefydd y rhagrithiwr.
Dyfnder y pur o galon
yw dyfnder ffydd y Cristion.

Your soul must sink into
and blend with another
if you want to keep it pure.

Mae'n rhaid i'ch enaid suddo i
mewn i enaid arall ac uno ag ef
os ydych am ei gadw'n bur.

The Sun accomplishes a world of work before we have even opened our eyes and risen from our bed!

Mae'r Haul wedi cyflawni byd o waith cyn i ni agor ein llygaid a chodi o'r gwely!

There is nothing like fire
to strengthen iron and steel.
The burning furnaces of life
do the same to us,
but the work is spoilt
unless we are tempered
by the Divine hand.

Does dim byd fel tân
i gryfhau haearn a dur.
Mae ffwrneisi tanbaid bywyd
yn gwneud yr un fath i ninnau,
ond ofer yw'r gwaith
oni bai bod ein bod wedi ein
tymheru gan y llaw Ddwyfol.

If the Church fails to proclaim warnings, the ungodly advance nearer and nearer to the last and twelfth hour — the sinners last hour, and the hour of God's eternal wrath.

Os yw'r Eglwys yn methu â chyhoeddi rhybuddion, bydd yr annuwiol yn nesáu ac yn nesáu at yr unfed awr ar ddeg a'r ddeuddegfed awr - awr olaf y pechaduriaid, awr digofaint tragwyddol Duw.

We are sinners before
the throne of God,
but become children at
His heavenly table.

Rydym oll yn bechaduriaid
gerbron gorsedd Duw,
ond yn blant gerbron
Ei fwrdd nefolaidd Ef.

The throne must precede the table.
We must meet God on His throne
before we join the Father
at His table.

Mae'n rhaid i'r orsedd ddod cyn y bwrdd. Mae'n rhaid i ni gyfarfod Duw ar Ei orsedd cyn y gallwn ymuno â'r Tad wrth Ei fwrdd.

No one ever refused to go by train
due to a failure to understand
the mechanism of the engine,
yet people reject salvation because
they don't understand the
Divine secrets.

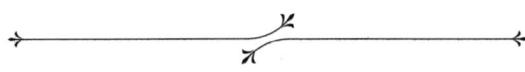

Wnaeth neb erioed wrthod siwrne trên am nad oedd yn deall mecanwaith yr injan, ac eto mae pobl yn gwrthod iachawdwriaeth am nad ydynt yn deall y cyfrinachau Dwyfol.

It is good that we have a
balm for wounds;
but it's foolishness to wound in
order to make use of the balm.

Da o beth yw cael eli ar gyfer clwyf; ond ffolineb yw clwyfo er mwyn defnyddio'r eli.

Obstacles!
These must be removed.

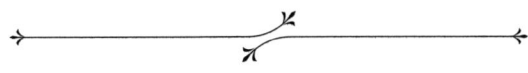

Rhwystrau!
Rhaid eu symud.

Stumbling stones must not
only be moved from the path;
they must be used to level up
another path.

Mae'n rhaid symud meini
tramgwydd oddi ar y llwybr;
a'u defnyddio i lefelu llwybr arall.

Don't lay too much stress
on your decisions;
emphasise your actions instead.

Peidiwch â chynhyrfu gormod
wrth wneud eich penderfyniadau;
rhowch y pwyslais ar eich
gweithredoedd yn lle hynny.

Let your life be emphasised and your boast be in the living God.

Gadewch i Dduw ddyrchafu eich bywyd a gwnewch Ef yn destun eich ymffrost.

Some people glory in their talents,
but there is one talent still
missing, and that is the one which
prevents boasting!

Mae rhai pobl yn gorfoleddu yn eu doniau, ond mae un ddawn ar goll o hyd, y ddawn sy'n atal ymffrost!

THE
EVAN ROBERTS INSTITUTE
RESPICE ET PROSPICE

This book was brought to you by
the Evan Roberts Institute.
To find out more about our work, visit:
www.evanrobertsinstitute.org

Cafodd y llyfr hwn ei gyflwyno i chi gan
Sefydliad Evan Roberts.
I ganfod mwy am ein gwaith, ewch i:
www.evanrobertsinstitute.org